Mut

[grundsätzliche] Bereitschaft, angesichts zu erwartender Nachteile etwas zu tun, was man für richtig hält

Duden

Wir alle kennen sie: die Situationen im Leben, in denen uns einfach ein Quäntchen Mut, eine Prise Selbstvertrauen oder vielleicht auch einfach nur ein Zuspruch von Freunden oder Bekannten fehlt.

Manchmal verlässt uns der Mut. Dann wieder schenkt er uns unbändige Kraft, Tatendrang, Wille. Mut kann sich in ganz unterschiedlichen Farben zeigen, mal als starke Schulter hinter unseren Entscheidungen, mal als quirliger Impulsgeber.

Nur verlieren sollten wir ihn nicht.
Und sollte er uns doch einmal
abhandenkommen, hilft dieses Büchlein
beim Wiederfinden und Behalten.

Auf dass wir immer wieder mit vollem
Herzen losrennen können.

Von *der* KRAFT *des* Mutes

Was immer du tun und erträumen kannst, du kannst damit beginnen. Im Mut liegen Schöpferkraft, Stärke und Zauber.

Johann Wolfgang von Goethe
Deutscher Dichter und Naturforscher

Mut steht am Anfang des Handelns,
Glück am Ende.

Demokrit
Griechischer Philosoph

Ein Abenteuer besteht nicht darin, sich irgendwelchen Gefahren auszusetzen, sondern sich auf das Unerwartete einzulassen, das einem begegnet. Sorge dich nicht.
Es wird immer dann am besten, wenn das passiert, was man nicht erwartet hätte.

Christopher Schacht
Autor, Influencer und Speaker

Wege entstehen dadurch,
dass wir sie gehen.

Franz Kafka
Deutschsprachiger Schriftsteller

Nicht weil es schwer ist,
wagen wir es nicht,
sondern weil wir es nicht wagen,
ist es schwer.

Lucius Annaeus Seneca
römischer Philosoph, Dramatiker,
Naturforscher und Politiker

Ich nehme mir fest vor, fortan gut auf die Zeichen am Wegesrand zu achten. Und wenn der Weg noch so neblig sein mag!

Joshi Nichell
Autor

Was wäre das Leben, hätten wir
nicht den Mut, etwas zu riskieren?

Vincent van Gogh
Niederländischer Maler und Zeichner

Fasst Mut und geht ans Werk!
Ich stehe euch bei!
Das sage ich, Jahwe,
der allmächtige Gott.

Haggai 2,4
Neue Evangelische Übersetzung

Wir müssen die Gaben nutzen,
die wir haben, nicht die,
die wir nicht haben.

C.S. Lewis
Englischer Schriftsteller und christlicher Apologet

Vollendete Tapferkeit besteht darin, ohne Zeugen zu tun, was man vor aller Welt tun möchte.

François de La Rochefoucauld
Adeliger Literat

Diese Dinge, die dein Herz schneller schlagen und deine Augen leuchten lassen – TU SIE!

Dagmar Herzog
Autorin

Mut ist eine Kraft, etwas zu bewegen. Damit unterscheidet er sich von der Tapferkeit, die eher erträgt.

Jürgen Hennig
Professor für Biologische und
Persönlichkeitspsychologie

Wo kämen wir hin, wenn alle sagten,
wo kämen wir hin, und niemand
ginge, einmal zu schauen, wohin
man käme, wenn man ginge.

Kurt Marti
Schweizer evangelischer Pfarrer,
Schriftsteller und Lyriker

Wer nichts waget,
der darf nichts hoffen.

Friedrich Schiller
Deutscher Dramatiker,
Lyriker und Essayist

Nur mit Anfängern kann der
Himmel etwas anfangen.

Martin Schleske
Deutscher Geigenbauer und Autor

Wer immer tut, was er schon kann,
bleibt immer das, was er schon ist.

Henry Ford
US-amerikanischer Erfinder
und Automobilpionier

Sorgt euch nicht um Alltägliches –
ob ihr genug zu essen oder
anzuziehen habt, denn das Leben
besteht aus weit mehr als Nahrung
und Kleidung.

Lukas 12, 22–23
Neues Leben Bibel

Mut
als
Lebensspender

Das Geheimnis des
Glücks ist die Freiheit.
Das Geheimnis der
Freiheit ist der Mut.

Perikles
Führender Staatsmann der
griechischen Antike

Keine Anlässe zur Sorge zu
haben, wäre gefährlich.
Heitere Unsicherheit ist das,
was unser Herr von uns verlangt.

C. S. Lewis
Englischer Schriftsteller
und christlicher Apologet

Zwischen Hochmut und Demut
steht ein Drittes, dem das Leben
gehört, und das ist der Mut.

Theodor Fontane
Deutscher Schriftsteller

Mit großer Vorfreude blicke ich auf
die Zukunft mit all dem, was ich am
Wegesrand entdecken darf.
Und ich spüre, ich werde geführt.
Das hier ist keine Sackgasse,
kein Pfad, der im Sande verläuft.
Nein, ich bin überzeugt davon,
dass ich geleitet werde.

Joshi Nichell
Autor

Mut ist die Tugend, die für Gerechtigkeit eintritt.

Marcus Tullius Cicero
römischer Politiker,
Schriftsteller und Philosoph

Wenn man offen ist für Neues, ist auch an ungewohnten Orten Platz für wunderbare Begegnungen.

Nelson Mandela
südafrikanischer Aktivist und Politiker

Die Liebe in Person ist hier.
Gerecht und treu steht er zu mir.

Lied »Mutig komm ich vor den Thron«
Urban life Worship

Spiel nicht im Team »Sorgen«,
spiel im Team »Leben«.

Titus Reinmuth
Ehemaliger Gemeindepfarrer,
Redakteur und Autor

Wie schön, in einer unfertigen Welt zu leben und jeden Tag die Chance auf neue Entdeckungen zu haben.

Dagmar Herzog
Autorin

Starke Menschen haben nie
eine einfache Vergangenheit.
Aber steinige Wege führen oft
zu den schönsten Orten!

Verfasser unbekannt

Jeden Tag einen Schritt
weiterzugehen, kann auch
ein schönes Ziel sein.
Vergangenem nachzutrauern,
heißt Gegenwärtiges zu versäumen.

Griechisches Sprichwort

Er tritt für uns ein, daher dürfen
wir voller *Zuversicht* und ohne Angst
vor Gottes Thron kommen. Gott
wird uns seine Barmherzigkeit und
Gnade zuwenden, wenn wir seine
Hilfe brauchen.

Hebräer 4,16
Hoffnung für Alle Bibel

Glücklich ist, wer das, was er liebt,
auch wagt, mit Mut zu beschützen.

Ovid
Römischer Dichter

Meine Sorgen und Probleme sehen kleiner aus, wenn ich daran denke, dass dieses Leben nicht alles ist. Und wenn ich mir dann noch bewusst mache, wie gut es mir eigentlich geht, habe ich das Gefühl, dass das Problem schon zur Hälfte gelöst ist.

Christopher Schacht
Autor und Influencer und Speaker

Niemand ist wie irgendein anderer. Alle sind unterschiedlich und alle notwendig – jeder individuell von Gott geliebt, als wäre er das einzige Geschöpf, das je gelebt hat.

C. S. Lewis
Englischer Schriftsteller
und christlicher Apologet

Mut
zum
Verschenken

Wenn du deinem Gegenüber entgegenkommst, hast du eine Chance, sein Herz zu erreichen. Wie oft nehmen wir uns zurück, trauen uns nicht, statt uns zu begegnen? Bislang hat sich Mut meiner Erfahrung nach noch immer gelohnt.

Joshi Nichell
Autor

Einer hilft nun dem anderen,
gegenseitig sprechen sie sich
Mut zu.

Jesaja 41,6
Hoffnung für Alle Bibel

Warum nach schmerzhaften Rückschlägen aufstehen und kämpfen? Wegen des Momentes, in dem du wieder zu lächeln beginnst.

Verfasser unbekannt

Es muss gar nicht viel
Aufwand und Zeit sein,
die du in die Zukunft eines
anderen Menschen investierst,
und doch kannst du mit kleinen
Steinen eine ganze Lawine ins
Rollen bringen.

Christopher Schacht
Autor und Influencer und Speaker

Es gehört weniger Mut dazu,
der allein Tadelnde als der allein
Lobende zu sein.

Marie von Ebner-Eschenbach
Mährisch-österreichische Schriftstellerin

Mut zum Reden!
Denn Sprechen öffnet Türen!
Lasst uns nicht vor Fremden
zurückschrecken, sondern das
Gespräch suchen, Brücken bauen.

Joshi Nichell
Autor

Zu sehen, was recht ist, und es
gegen seine Einsicht nicht tun,
ist Mangel an Mut.

Konfuzius
Chinesischer Philosoph.

Aufrichtigkeit ist
höchstwahrscheinlich
die verwegenste
Form der Tapferkeit.

William Somerset Maugham
Englischer Erzähler und Dramatiker

Du siehst alles ein bisschen klarer
mit Augen, die geweint haben.

Marie von Ebner-Eschenbach
Mährisch-österreichische Schriftstellerin

Mutige Menschen erkennt man daran, dass sie keine eigennützigen Interessen verfolgen.

Prof. Dr. Jürgen Hennig
Professor für Biologische und
Persönlichkeitspsychologie

Mach anderen Mut und vertraue auf dich selbst! Lass dich nicht unterkriegen! Du bist wundervoll, so wie du bist.

Joshi Nichell
Autor

Mit *vollem* Mut voraus

Darum verlieren wir nicht den Mut.
Wenn auch unsere körperlichen
Kräfte aufgezehrt werden, wird doch
das Leben, das Gott uns schenkt,
von Tag zu Tag erneuert.

2. Korinther 4,16
Neues Leben Bibel

Mut ist der vollkommene
Wille, den kein Schrecken
erschüttern kann.

Ralph Waldo Emerson
Amerikanischer Philosoph
und Schriftsteller

Ich blicke auf einen Weg, der vor mir im Nebel verschwindet. Gerade mal den ersten Meter des Weges kann ich vor mir erahnen. Doch ich weiß nicht, wohin mich dieser Weg führt. Ich kann ihm nur folgen.

Joshi Nichell
Autor

Will mich mein Herz erneut verdamm'n und Satan flößt mir Zweifel ein, hör ich die Stimme meines Herrn, die Furcht muss fliehn', denn ich bin sein.

Lied »Mutig komm ich vor den Thron«
Urban life Worship

Mut ist Widerstand gegen die Angst,
Sieg über die Angst, aber nicht
Abwesenheit von Angst.

Mark Twain
Amerikanischer Schriftsteller

Du kannst meist viel mehr tun,
als du dir gemeinhin zutraust.

Aenne Burda
Deutsche Verleger-Pionierin

Unsere Zweifel sind Verräter und häufig die Ursache für den Verlust von Dingen, die wir gewinnen könnten, scheuten wir nicht den Versuch.

William Shakespeare
englischer Dramatiker und Lyriker

Als Pipi eines Tages mit Annika und Thommy ausreist, um die Welt zu entdecken – so ganz ohne Geld – fragt Annika plötzlich besorgt: »Und wo schlafen wir abends?« »Da findet sich was!«, ist Pipis Antwort. Ja, ich werde noch öfters auf dieser Reise an Pipi Langstrumpf, ihren Mut, ihr Vertrauen und ihre Begeisterungsfähigkeit denken!

Joshi Nichell
Autor

Manch einer gilt als mutig, nur weil
er Angst hatte, davonzulaufen.

Ralph Waldo Emerson
Amerikanischer Philosoph
und Schriftsteller

O, preist den Herrn,
der für mich kämpft,
und meine Seele ewig schützt.

Lied »Mutig komm ich vor den Thron«
Urban life Worship

Warum immer zweifeln?
Warum nicht mal das Gute
erwarten?

Titus Reinmuth
Ehemaliger Gemeindepfarrer,
Redakteur und Autor

Sei stark und mutig!
Hab keine Angst und verzweifle
nicht. Denn ich, der Herr, dein Gott,
bin bei dir, wohin du auch gehst.

Josua 1,9
Hoffnung für Alle Bibel

Ich habe gelernt, dass Mut nicht
die Abwesenheit von Furcht ist,
sondern der Triumph darüber.
Der mutige Mann ist keiner,
der keine Angst hat, sondern der,
der die Furcht besiegt.

Nelson Mandela
südafrikanischer Aktivist und Politiker

Hab keine Angst.
Glaube nur.

Markus 5,36
Neues Leben Bibel

Mut,
der verändert

Der Mut wächst immer mit
dem Herzen und das Herz
mit jeder guten Tat.

Adolph Kolping
Deutscher katholischer Priester

Wohin du auch gehst,
geh mit deinem ganzen Herzen.

Konfuzius
Chinesischer Philosoph

Es gehört oft mehr Mut dazu,
seine Meinung zu ändern,
als ihr treu zu bleiben.

Friedrich Hebbel
Deutscher Dramatiker und Lyriker

Ein freundliches Wort heilt
und belebt, aber eine böse
Zunge raubt jeden Mut.

Sprüche 15,4
Hoffnung für Alle Bibel

Doch nur wenn ich weitergehe
und dann zurückblicke,
wird die Landschaft hinter mir
gewachsen sein.

Joshi Nichell
Autor

Ich will sehen, was passiert,
wenn ich nicht aufgebe!

Verfasser unbekannt

Wenn wir also von Kummer und Sorgen niedergedrückt sind, so ist es zu eurem Besten und zu eurer Rettung! Denn Gott spricht uns Mut zu, damit wir euch ermutigen können. Dann könnt ihr geduldig das Gleiche ertragen, das auch wir durchmachen.

2. Korinther 1,6
Neues Leben Bibel

Das Leben ist ein Prozess.
Wir haben keine Garantie für
morgen. Und doch bestimmt alles,
was passiert, unsere Gedanken,
Gefühle und Entscheidungen,
unser zukünftiges Ich.

Christopher Schacht
Autor, Influencer und Speaker

Gott gebe mir die Gelassenheit,
Dinge hinzunehmen, die ich nicht
ändern kann, den Mut, Dinge zu
ändern, die ich ändern kann,
und die Weisheit, das eine
vom anderen zu unterscheiden.

Reinhold Niebuhr
Amerikanischer Philosoph,
Theologe und Politikwissenschaftler

Gott, mein Herz ist voller
Zuversicht, ja, ich bin ruhig
geworden im Vertrauen auf dich.

Psalm 57,8
Hoffnung für Alle Bibel

Mein Herz war nicht dafür
gerüstet, so viel Mut zu finden.
Und so viel Liebe.
So viel Entschiedenheit.
Damit das Leben, dieses eine,
einzige, kostbare Leben, das jeder
von uns nur hat, auch ein Leben ist.

Angela Krumpen
Freie Radiojournalistin und Autorin

Mutig komm ich vor den Thron.
Freigesprochen durch den Sohn.
Dein Blut macht mich rein.
Du nennst mich ganz Dein.
In Deinen Armen darf ich sein.

Lied »Mutig komm ich vor den Thron«
Urban life Worship

Stopp!, sage ich laut zu mir selbst. Vielleicht sollte ich den Spieß mal umdrehen, und selbst mehr Freude, Mut und Vertrauen ausstrahlen, dann werde ich bestimmt auch fröhlicheren, offeneren und vertrauensvolleren Menschen begegnen.

Joshi Nichell
Autor

Vom
großen
Glück,
vertrauen
zu können

Es gibt keine Sicherheit.
Nur dich, das Leben und die
Chance zu vertrauen.

Michelle Spillner
Autorin und Journalistin

Denn wer bittet, wird erhalten.
Wer sucht, wird finden.
Und die Tür wird jedem geöffnet,
der anklopft.

Lukas 11,10
Neues Leben Bibel

Ein einziger Grundsatz wird dir
Mut geben, nämlich der, dass kein
Übel ewig währt.

Epikur Samos
Griechischer Philosoph

Mut besteht nicht darin,
dass man die Gefahr blind
übersieht, sondern darin,
dass man sie sehend überwindet.

Jean Paul
Deutscher Schriftsteller

Komm, lass uns im Regen tanzen
und an Wunder glauben.

Dagmar Herzog
Autorin

Wenn ich voller Vertrauen
weitergehe, sehe ich im Rückblick
eine faszinierende Landschaft –
meinen Lebensweg.

Joshi Nichell
Autor

Ich habe euch das alles gesagt,
damit ihr in mir Frieden habt.
Hier auf der Erde werdet ihr viel
Schweres erleben.
Aber habt Mut, denn ich
habe die Welt überwunden.

Johannes 16,33
Neues Leben Bibel

Schau nicht zurück,
denn vorne liegt das Ziel,
auf das du dich ausrichtest.

Max Sprenger
Autor

Denn der Herr ist deine Zuversicht.
Er wird nicht zulassen,
dass du in eine Falle gerätst.

Sprüche 3,26
Neues Leben Bibel

Unser größter Ruhm ist nicht, niemals zu fallen, sondern jedes Mal wieder aufzustehen.

Nelson Mandela
Südafrikanischer Aktivist und Politiker

Menschlich gesehen ist es unmöglich. Aber bei Gott ist alles möglich.

Matthäus 19,26
Neues Leben Bibel

Quellenverzeichnis

Joshi Nichell, Volles Glück voraus · © adeo Verlag in der
SCM Verlagsgruppe GmbH, Asslar // Mutig komm ich vor
den Thron · Originaltitel: Boldly I Approach · Text & Melo-
die: Rend Collective · Dt. Text: Simon Gottschick · © 2014
Thankyou Music · Für D, A, CH: SCM Hänssler, Holzgerlin-
gen // Kurt Marti, Werkauswahl in fünf Bänden · © 1996
Nagel & Kimche in der MG · Medien Verlags GmbH, Mün-
chen // Christopher Schacht, Mit 50 Euro um die Welt ·
© adeo Verlag in der SCM Verlagsgruppe GmbH, Asslar //
Jürgen Hennig, Wege zur inneren Kraft · © adeo Verlag
in der SCM Verlagsgruppe GmbH, Asslar // Michelle Spillner, Der beste Sommer unseres Lebens · © adeo Verlag in
der SCM Verlagsgruppe GmbH, Asslar // Dagmar Herzog,
Schön · © adeo Verlag in der SCM Verlagsgruppe GmbH,
Asslar // Martin Schleske, Herztöne · © adeo Verlag
in der SCM Verlagsgruppe GmbH, Asslar // Titus Reinmuth, Mit dir wird es leichter · © adeo Verlag in der SCM
Verlagsgruppe GmbH, Asslar // Max Sprenger, Tsunami
im Kopf · © adeo Verlag in der SCM Verlagsgruppe GmbH,
Asslar

Der Verlag hat sich bemüht, die Inhaber aller Rechte ausfindig zu machen; dies ist leider nicht in allen Fällen gelungen. Sollte dem Verlag gegenüber dennoch der Nachweis der Rechtsinhaberschaft geführt werden, wird diese selbstverständlich in branchenüblicher Weise abgegolten.

© 2023 adeo Verlag
in der SCM Verlagsgruppe GmbH
Dillerberg 1 · 35614 Asslar

1. Auflage 2023
Best.-Nr. 835361
ISBN 978-3-86334-361-3

Umschlaggestaltung: Mareike Schaaf
Umschlagmotiv: Liliya Sudakova · Shutterstock
Satz und Herstellung: Immanuel Grapentin
Druck und Verarbeitung: Dimograf Sp. z o.o.
Printed in Europe

www.adeo-verlag.de